Inhalt

Controlling in mittelständischen Unternehmen - viele Firmen haben Nachholbedarf

Kernthesen

Beitrag

Fallbeispiele

Weiterführende Literatur

Impressum

GENIOS WirtschaftsWissen Nr. 05/2011 vom 18.05.2011

Controlling in mittelständischen Unternehmen - viele Firmen haben Nachholbedarf

Robert Reuter

Kernthesen

- In kleinen und mittelständischen Unternehmen ist Controlling noch nicht weit verbreitet.
- Die Finanzkrise hat dem Mittelstand jedoch aufgezeigt, dass ein effektives Controlling dabei helfen kann, schwierige Zeiten besser zu überstehen.
- Sogar Marketing-Controlling wird in

mittelständischen Firmen jetzt immer öfter eingeführt.

Beitrag

Nachholbedarf im Mittelstand

Ein professionelles Controlling ist in kleinen und mittelständischen Unternehmen (KMU) nicht die Regel. Experten berichten davon, dass selbst Unternehmen mit zwei- und dreistelligen Millionenumsätzen immer noch lediglich "mit Excel kontrolliert werden". Die Finanzkrise hat dem Mittelstand nun vor Augen geführt, dass schwierige Zeiten mit Hilfe von Controlling besser bewältigt werden können.

Zudem hat sich gezeigt, dass die Kreditinstitute zurückhaltend auf eine Kreditanfrage reagieren, wenn der Unternehmer nicht in der Lage ist, die Situation der Firma durch nachvollziehbare Zahlen zu belegen. Aktuellen Studien zufolge ziehen immer mehr Mittelständler aus den Erfahrung während der Finanzkrise Konsequenzen, indem sie Controlling und Risikomanagement einführen. 81 Prozent der mittelständischen Unternehmen planen laut einer Umfrage die Einführung eines professionellen

Risikomanagements. Schon zum Umdenken gebracht wurden kapitalmarktorientierte Unternehmen des gehobenen Mittelstands, da sie vom Gesetzgeber zur Einführung von Risikomanagement verpflichtet wurden. (1), (6)

Freude am Controlling wecken

In aktuellen Ratgebern versuchen Experten, auch beim Handwerk und im Mittelstand Interesse am Controlling zu wecken. Controlling ist demnach nichts anderes als die Einführung einer konsistenten Planung und die Abgleichung gesteckter Ziele mit dem tatsächlich erreichten Ist-Zustand. Oft sei den kleinen Unternehmen, so die Experten, nicht klar, dass sich der Geschäftserfolg mit Controlling-Instrumenten vergrößern lässt. Stattdessen werde Controlling als bürokratischer Ballast empfunden. (1), (2)

Mehr Wissen über das eigene Unternehmen

Die Vorteile für kleine und mittlere Unternehmen liegen auf auf der Hand. Wer seinen Betrieb kontrolliert, weiß jederzeit, ob sich das Unternehmen auf dem richtigen Weg befindet. Die höhere

Transparenz bei den Kosten macht diese steuerbar, so dass Controlling auch dabei helfen kann, die Ausgaben zu senken. Überdies erhält der Unternehmer ein klares Bild über die Liquidität seiner Firma, wodurch schlimme Überraschungen vermieden werden. (1), (2)

Gewinn-/Verlustrechnung reicht nicht aus

In den KMU ist hingegen die Ansicht weit verbreitet, dass die Ermittlung von Gewinn und Verlust ausreichen, um den Zustand des Unternehmens zu ermitteln. Controlling-Experten sehen das naturgemäß anders, und sie haben Argumente. So ist die Gewinn-/Verlustrechnung immer eine Betrachtung der Vergangenheit, die jedoch keinen Hebel bietet, in die aktuelle Unternehmenssituation einzugreifen. Auch sagt der frühere Geschäftsabschluss nichts über die verfügbaren Mittel der Gegenwart aus - hierfür wäre eine separate Liquiditätsrechnung notwendig. Nicht zuletzt dient eine Gewinn-/Verlustrechnung externen Zwecken, wie etwa dem Finanzamt für die Ermittlung der Steuerschuld. Für die interne Gewinnermittlung und Planung ist die Gewinn- und Verlustrechnung jedoch nur bedingt geeignet. (1)

Defizite bei der Marktkenntnis

Die Unklarheit über die liquiden Mittel ist oft begleitet von fehlender Marktkenntnis. Gerade kleine Unternehmen bearbeiten und reflektieren die Marktsituation oft nicht und arbeiten daher von Auftrag zu Auftrag. Unkenntnis besteht auch über die Konkurrenzsituation. Zwar kennt man die Namen der Wettbewerber, doch nicht was sie anders oder besser machen als man selbst. Hierzu gibt es aus Sicht des Controllings ein einfaches Instrument, den Branchenvergleich - was mittelständische Unternehmer aber oft nicht wissen. Controlling bietet damit auch Möglichkeiten der Marktbeobachtung und der Marktanalyse. (2), (3), (4)

Trends

Marketing-Controlling nimmt zu

Nach Angaben von Consulting-Unternehmen ist der Stellenwert von Marketing-Controlling infolge der Finanzkrise stark gewachsen. In der unternehmerischen Praxis bedeutet dies, dass auch Vertriebs- und Marketingabteilungen die ökonomischen Erfolge ihrer Arbeit nachweisen müssen. Dieser Trend ist nach Angaben der Experten nicht nur in Konzernen mit groß angelegten Kampagnen zu beobachten, sondern auch im Mittelstand. Bei der Kontrolle hilft neuerdings das so genannte "Marketing-Cockpit", das die bisher noch fehlende Standard-Softwarelösung für Marketing-Controller ersetzen kann. (7)

Fallbeispiele

Personal-Controlling im Mittelstand

Das Hauptproblem beim Thema Controlling im Personalbereich ist der Mangel an verwertbaren Zahlen. Es ist daher prinzipiell schwierig, personalwirtschaftliche Erfolgsfaktoren wie Leistungsfähigkeit, Arbeitsmotivation und Arbeitszufriedenheit messbar und für das Personal-Controlling verwertbar zu machen. Die MIWE GmbH in Arnstein hat einen Weg gefunden, der auch mittelständischen Unternehmen die Einführung eines konsistenten Personal-Controllings eröffnet. (5)

Controlling-Software für

Handwerker

Gerade kleinere Betriebe stehen oft vor der Frage, wie sie die für ein effizientes Controlling notwendigen Unternehmenszahlen zusammentragen sollen. Das Franchiseunternehmen TopaTeam hat einen einfach zu bedienenden Internet-Kalkulator entwickelt, mit dem Schreiner und Tischler herausfinden können, wo sie mit ihrem Unternehmen stehen. (8)

Buchtipp: Controlling in kleinen und mittleren Unternehmen

Das im vergangenen Jahr in vierter Auflage erschienene Buch "Controlling in kleinen und mittleren Unternehmen" aus dem NWB Verlag macht deutlich, wie vorhandene Informationen zu Controllingzwecken genutzt, sinnvoll aufbereitet und schnell interpretiert werden können. Ziel des Buches ist es, die Finanzbuchhaltung als Informationsbasis für Controlling-Instrumente auszuschöpfen. (9)

Nachholbedarf auch bei Compliance

Auch bei der Einführung von Compliance-Systemen

hinken mittelständische Unternehmen den Großkonzernen hinterher. Mit Compliance sind solche Maßnahmen gemeint, mit denen ein Unternehmen dafür sorgt, dass geltende Regeln eingehalten werden. Gescheut werden von den Mittelständlern insbesondere die Kosten für die Einführung von Compliance. Dennoch ist den Unternehmen - so das Ergebnis aktueller Studien - die große Bedeutung von Compliance durchaus klar. 66 Prozent der befragten Unternehmen rechnen beispielsweise damit, dass die Kriminalität im eigenen Betrieb in den nächsten Jahren stark ansteigen wird. Nach einer KPMG-Studie wurden 37 Prozent der mittelständischen Unternehmen in Deutschland in den letzten drei Jahren Opfer von strafbaren Handlungen wie Bilanzfälschung, Datendiebstahl, Untreue oder Korruption. (10)

Weiterführende Literatur

(1) Controlling für kleine und mittelständische Unternehmen im Handwerk, Teil 1 Steuern Sie Ihr Unternehmen planvoll und zielorientiert
aus BM Bau- und Möbelschreiner, Heft 2, 2011, S. 16

(2) Controlling für kleine und mittelständische Unternehmen im Handwerk, Teil 2 In sechs Schritten zu mehr Planungssicherheit
aus BM Bau- und Möbelschreiner, Heft 3, 2011, S. 16

(3) Controlling für kleine und mittelständische Unternehmen im Handwerk, Teil 3 Vom Ist-Zustand zum Plan und wieder zurück
aus BM Bau- und Möbelschreiner, Heft 4, 2011, S. 16

(4) Controlling für kleine und mittelständische Unternehmen im Handwerk, Teil 4 „Das Excel-Tool ist sehr effektiv"
aus BM Bau- und Möbelschreiner, Heft 5, 2011, S. 21

(5) Controllingtool stetig anpassen
aus Personal Nr. 5 vom 29.04.2011 Seite 34

(6) Mittelstand vernachlässigt Risikomanagement
aus ProFirma, Vol. 14, Heft 05/2011, S. 36

(7) Marketing- und Vertriebs-Controlling - Wissen, was läuft
aus ProFirma, Vol. 14, Heft 04/2011, S. 72-74

(8) Die TopaTeam AG unterstützt Partner-Betriebe mit Controlling-Software bei der Unternehmensführung Wie gut ist mein Betrieb?
aus BM Bau- und Möbelschreiner, Heft 5, 2011, S. 22

(9) Controlling in kleinen und mittleren Unternehmen Christian Klett / Michael Pivernetz / Controlling in kleinen und mittleren Unternehmen / NWB Verlag, Herne, 4. Aufl. 2010. 263 S., 49 EURO.
aus Kapitalmarktorientierte Rechnungslegung, Heft 1 vom 3.1.2011, Seite VI

(10) RA/FAStR/FA f. Handels. u. GesR Dr. José A.

Campos Nave, EMBA (Accounting & Controlling), Eschborn / Corporate Compliance versus Mittelstand aus SteuerConsultant, Vol. 4, Heft 05/2011, S. 28-29

Impressum

Controlling in mittelständischen Unternehmen - viele Firmen haben Nachholbedarf

Bibliografische Information der deutschen Nationalbibliothek

Die Deutsche Nationalbibliothek verzeichnet diese Publikation in der deutschen Nationalbibliografie; detaillierte bibliografische Daten sind im Internet über http://dnb.d-nb.de abrufbar.

ISBN: 978-3-7379-0092-8

© 2015 GBI-Genios Deutsche Wirtschaftsdatenbank GmbH, Freischützstraße 96, 81927 München, www.genios.de

Alle Rechte vorbehalten. Dieses Werk ist einschließlich aller seiner Teile – z.B. Texte, Tabellen und Grafiken - urheberrechtlich geschützt. Jede Verwertung außerhalb der Grenzen des Urheberrechtsgesetzes bedarf der vorherigen Zustimmung des Verlags. Dies gilt insbesondere auch für auszugsweise Nachdrucke, fotomechanische

Vervielfältigungen (Fotokopie/Mikroskopie), Übersetzungen, Auswertungen durch Datenbanken oder ähnliche Einrichtungen und die Einspeicherung und Verarbeitung in elektronischen Systemen.